Best of
Paul Bocuse

par Christophe Muller

LES ÉDITIONS
Culinaires

Pictogrammes

 préparation    cuisson    repos    zoom    note du sommelier

Sommaire

Petite histoire
de Paul Bocuse

Au XVIIe siècle, au bord de la Saône, une femme de meunier cuisinait pour les mariniers du fleuve…

Ce fut le départ d'une longue lignée de cuisiniers dont le plus célèbre est sans conteste celui que l'on a appelé « le pape de la cuisine française ».

Marqué du sceau de la passion familiale, Paul Bocuse fait ses premières armes à l'âge de 15 ans, en 1941, chez Claude Maret au restaurant de La Soierie à Lyon. Après avoir reçu la croix de guerre en 1944, il reprend son cursus chez la Mère Brazier, au Col de la Luère, puis chez Fernand Point en son restaurant de La Pyramide à Vienne, établissements de choix s'il en est !

Lorsqu'il s'installe chez lui, il « fait une cuisine identifiable avec des os et des arêtes », comme il se plaît à le dire. Les années s'égrènent avec leur cortège de distinctions : en 1958, 1re étoile au Michelin, en 1961, Meilleur Ouvrier de France, en 1962, 2e étoile au Michelin, en 1965, 3e étoile au Michelin, chevalier, puis officier et, enfin, commandeur de la Légion d'honneur, officier du Mérite national… Et « c'est toujours la qualité qui prime et il n'y a qu'une cuisine, la bonne ».

Rien n'arrête ce passionné, dévoré par le feu sacré, mondialement reconnu, dont le parcours est jalonné de moult preuves de son activité parmi lesquelles la création du concours international du Bocuse d'Or, l'ouverture du Pavillon de France à Orlando (États-Unis), l'ouverture de la brasserie Argenson à Gerland ou encore l'ouverture de la brasserie de l'Ouest à Lyon.

Quant à la Fondation Paul Bocuse, elle a pour mission de transmettre aux générations futures le patrimoine et le savoir-faire culinaires.

Les 10 secrets

La qualité d'abord

01.

Volaille, viande, poisson, foie gras, truffes, légumes… le premier impératif est que tous les produits soient de qualité.

De bons ustensiles

02.

C'est avec de bons ustensiles que vous pourrez travailler rapidement et efficacement. En particulier, ne lésinez pas sur les couteaux : c'est un investissement nécessaire et rentable. Et entretenez-les !

À chacun son four

03.

Si votre four n'indique que des numéros de thermostat et pas la température, n'hésitez pas à faire l'achat d'un thermomètre à four : testez votre appareil et établissez l'échelle correspondante.

De l'organisation !

04.

Lisez entièrement la recette et les astuces avant de cuisiner afin de pouvoir prévoir les ingrédients, le matériel et le temps nécessaires à sa réalisation.

Repos !

05.

Respectez toujours les temps de macération, de trempage ou de repos indiqués. Ils sont partie intégrante de la recette et nécessaires à sa réussite.

de la réussite

Goûtez !

06.

N'hésitez pas à goûter une prparation afin de rectifier l'assaisonnement selon votre goût.

Gain de temps

07.

La pâte feuilletée est un peu longue à confectionner. Vous pouvez l'acheter toute faite et même déjà étalée. Veillez bien sûr à sa qualité et pensez à vérifier la date limite d'utilisation indiquée sur l'emballage.

Préchauffez !

08.

Pensez toujours à préchauffer le four ou le gril à l'avance : les viandes doivent être saisies. Les pâtes et les gratins aussi !

Dorure pratique

09.

Pour une présentation impeccable et séduisante des plats en croûte, ne négligez pas la dorure, composée d'un jaune d'œuf additionné de 1 c à c. d'eau et de 1 c. à c. de sel. Passez-la en couches légères sans la faire couler, à l'aide d'un pinceau réservé à cet usage.

Chaud devant !

10.

Rien de pire qu'un plat tiède. Pensez toujours à faire chauffer les plats de service et les assiettes, par exemple dans le four à 100 °C, pendant 5 à 10 min.

Soupe
aux truffes

Ce plat fut créé en 1975 par Paul Bocuse à l'occasion d'un déjeuner donné à l'Élysée par M. Valéry Giscard d'Estaing, alors président de la République, et son épouse. De nombreux chefs étoilés accompagnaient M. Bocuse, qui reçut ce jour-là la Légion d'Honneur.

pour 4 personnes

30 min   20 min

Ingrédients

_ **80 g** de truffes fraîches
_ **2** tablettes de bouillon de volaille
_ **S**el fin
_ **150 g** de blanc de poulet (sans peau)
_ **100 g** de céleri-rave
_ **1** carotte
_ **8** têtes de champignons de Paris de 3 cm de diamètre
_ **4 c. à s.** de noilly blanc
_ **60 g** de foie gras cuit
_ **250 g** de pâte feuilletée prête à l'emploi
_ **1** jaune d'œuf

1975

01. Préchauffez le four à 200 °C (th. 7). Versez 50 cl d'eau dans une casserole. Portez-la à ébullition.

02. Ajoutez les tablettes de bouillon dans l'eau bouillante. Mélangez.

03. Salez légèrement le blanc de poulet.

04. Déposez-le dans le bouillon. Laissez cuire 6 min à petits frémissements (pocher).

05. Égouttez le blanc de poulet.

06. Pelez le céleri et la carotte. Coupez le céleri en tranches de 1 cm puis en dés. Coupez la carotte en deux puis en tranches de 1 cm et en dés.

07. Taillez les têtes de champignons en lamelles épaisses puis en bâtonnets et en dés. Mélangez avec le céleri et la carotte (matignon).

08. Taillez les truffes en très fines lamelles.

09. Versez 1 c. à s. de noilly dans 4 bols en porcelaine à feu d'environ 25-30 cl. Ajoutez une bonne cuillerée à soupe de matignon.

LES SECRETS DE CHRISTOPHE...

Le bon choix

La qualité des truffes est importante dans cette soupe : son parfum doit se faire apprécier dès que la croûte est ouverte ! Choisissez si possible des truffes fraîches.

La bonne saison

Hors saison, utilisez des truffes en conserve. Attention, comptez alors 30 g de truffes cuites par personne à la place de 20 g de truffes fraîches.

Matignon ?

Nom féminin. Ce terme pro, qui n'a rien de politique, qualifie des légumes taillés en cubes de 1 cm de côté. À distinguer de la brunoise, taillée en carrés plus petits.

10. Taillez le foie gras en dés. Répartissez-les dans les bols.

11. Coupez le blanc de poulet en tranches de 1 cm puis en dés.

12. Répartissez-les dans les bols.

13. Ajoutez également les lamelles de truffes.

14. Arrosez de bouillon en vous arrêtant à 1,5 cm du haut des bols.

15. Étalez la pâte feuilletée sur le plan de travail. Coupez 4 disques de 13-14 cm de diamètre.

16. Posez un disque sur chaque bol. Rabattez le bord sur la paroi des bols, en appuyant légèrement pour souder.

17. Mélangez le jaune d'œuf avec 1 c. à c. d'eau et 1 pincée de sel. Passez-le au pinceau sur la pâte. Enfournez et laissez cuire 20 min.

18. Décalottez la croûte des soupes avec la pointe d'un couteau. Servez sans attendre.

On calcule !

Pour tailler les disques de pâte à la bonne dimension, mesurez le diamètre de vos bols et ajoutez-y au moins 3 cm. Posez ensuite sur la pâte un objet rond (bol, soucoupe, cercle métallique) de ce diamètre et coupez autour.

Grain de sel

On ajoute une pincée de sel au jaune d'œuf qui sert à dorer la pâte car sa présence aide à la coloration.

Note du sommelier

Un champagne Bollinger R. D. 1990 ; ou un riesling « Cuvée Frédéric Émile » 2001, domaine Trimbach ; ou un xérès.

Gratin
de macaronis

Ce plat, servi plus couramment en hiver, comporte plusieurs variantes en fonction des régions, et reste toujours très apprécié des petits et des grands

pour 8-10 personnes

30 min | 30 min

Ingrédients

_ **500 g** de « maccheroni » n° 44
_ **1,5 l** de lait
_ **S**el fin
_ **N**oix de muscade
_ **P**oivre du moulin
_ **120 g** de beurre
_ **90 g** de farine
_ **600 g** de crème fraîche épaisse
_ **150 g** de gruyère (non râpé)

01. Préchauffez le four à 180 °C (th. 6). Versez le lait dans un faitout.

02. Ajoutez 3 c. à c. rases de sel.

03. Râpez la noix de muscade au-dessus (environ 30 coups sur la petite râpe spéciale).

04. Ajoutez 10 tours de moulin à poivre. Portez à ébullition à feu vif.

05. À ébullition, versez les macaronis. Laissez-les cuire 2 min.

06. Égouttez les macaronis dans une passoire posée dans un saladier pour recueillir le lait.

07. Rincez le faitout et faites fondre le beurre dedans.

08. Versez la farine en pluie. Mélangez au fouet.

09. Versez d'un coup le lait encore chaud. Remuez jusqu'à ébullition.

LES SECRETS DE CHRISTOPHE...

Maccheroni ?

Il s'agit d'une variété de macaronis. Certaines marques font figurer sur leurs emballages un numéro, référence de la grosseur de la pâte. Utilisez n'importe quelle sorte de macaronis ou de pâtes perforées (coquillettes) pour ce gratin gourmand.

On surveille !

Attention au lait qui monte rapidement, sans crier gare. Posez un ustensile dedans (écumoire ou louche, par exemple) : cela lui évitera de déborder, mais ne doit pas vous empêcher de le surveiller !

10. Retirez du feu. Goûtez pour vérifier l'assaisonnement.

11. Incorporez la crème et remuez.

12. Ajoutez les macaronis et mélangez soigneusement avec une spatule.

13. Emplissez un plat à gratin avec une louche.

14. Râpez les ¾ du fromage. Coupez le reste en fines lamelles.

15. Couvrez le plat de gruyère râpé.

16. Terminez avec les lamelles de fromage, en les disposant régulièrement.

17. Enfournez et laissez cuire 30 min.

18. Servez brûlant dès la sortie du four.

Non au râpé tout prêt !

Achetez du fromage en morceaux et râpez-le vous-même : cela vous permet de choisir du gruyère de qualité, à la saveur plus ou moins affirmée, selon vos goûts.

Note du sommelier

Un saint-aubin premier cru « La Chatenière » 2005, domaine Roux Père et Fils.

Œufs pochés
à la beaujolaise

Ce mets très simple peut être servi en entrée ou à l'apéritif. Pour rendre la recette plus prestigieuse, on peut râper un peu de truffe sur le dessus.

pour 4 personnes

⊟ + ♨ 35 min

Ingrédients

Œufs pochés :
_ **4** œufs bien frais
_ **10 cl** de vinaigre blanc

Sauce beaujolaise :
_ **1** jaune d'œuf
_ **1** pincée de sel
_ **1 c. à c.** de moutarde
_ **15 cl** d'huile d'arachide
_ **5 cl** d'huile d'olive
_ **15 cl** de beaujolais
_ **1** pincée de sucre
_ **1 c. à s.** de vinaigre de vin rouge

Décoration :
_ **4** tranches de pain de mie
_ **3 c. à s.** d'huile d'olive
_ **Q**uelques brins de cerfeuil
_ **1** brin de persil plat
_ **P**oivre noir du moulin

01. Faites chauffer de l'eau dans une casserole. Ajoutez le vinaigre. Versez des glaçons dans un récipient d'eau fraîche.

02. Cassez 1 œuf par bol.

03. Versez 1 œuf doucement dans l'eau bouillante en faisant tourner le bol. Faites de même avec les autres œufs. Laissez cuire de 2 min 30 à 3 min.

04. Vérifiez la cuisson en tâtant du bout du doigt : vous devez sentir un peu de résistance. Déposez les œufs dans l'eau glacée avec une écumoire.

05. Préparez la sauce : mélangez le jaune d'œuf avec le sel et la moutarde. Ajoutez les huiles progressivement, en fouettant, pour obtenir une mayonnaise.

06. Préparez la décoration : taillez 4 croûtons dans les tranches de pain avec un emporte-pièce de 5 cm de diamètre.

07. Ôtez la croûte des tranches de pain et taillez le reste de la mie en dés.

08. Faites chauffer les 3 c. à s. d'huile d'olive dans une sauteuse. Faites-y dorer les croûtons et les dés de pain quelques secondes de chaque côté.

09. Rincez la sauteuse. Versez-y 10 cl de beaujolais et le sucre. Faites réduire jusqu'à l'obtention d'une consistance sirupeuse.

LES SECRETS DE CHRISTOPHE...

Quel diamètre ?

Utilisez de préférence une casserole de 20 cm de diamètre pour la cuisson des œufs.

Magique !

Remuez la tasse dès que le jaune d'œuf est tombé, de façon à ce que le blanc qui coule se place bien autour du jaune.

Choc thermique

Dès que les œufs sont plongés dans l'eau glacée, la cuisson est stoppée instantanément. C'est un gage supplémentaire de réussite.

10. Débarrassez dans un petit récipient. Incorporez progressivement cette réduction dans la mayonnaise.

11. Ajoutez le vinaigre de vin rouge et mélangez.

12. Ajoutez 2 c. à s. de vin. Mélangez de nouveau.

13. Égouttez les œufs, puis ébarbez-les : coupez les filaments qui dépassent.

14. Rincez le cerfeuil et le persil, essorez-les et détachez les feuilles. Hachez-les finement au couteau. Posez les croûtons au centre de 4 plats à œuf.

15. Déposez délicatement 1 œuf sur chaque croûton.

16. Nappez d'une cuillerée à soupe de sauce beaujolaise.

17. Garnissez de dés de pain et d'herbes hachées.

18. Ajoutez un filet d'huile d'olive autour et terminez par un tour de moulin à poivre.

Jouez les barbiers

Mais oui, ébarbez les œufs, c'est-à-dire faites-les beaux : coupez les filaments qui dépassent pour leur donner une forme régulière.

3 atouts !

Cette petite recette a trois atouts : elle est typique, économique et fait de l'effet, sans être difficile à réaliser. Deux impératifs : veillez à la fraîcheur des œufs et respectez le temps de cuisson.

Note du sommelier

Un moulin-à-vent « Les trois Roches », domaine de Vissoux.

Fricassée
de volaille de Bresse aux morilles

Un grand classique de la région Rhône-Alpes, la chair de la volaille de Bresse étant particulièrement savoureuse. La saison des champignons est parfaite pour la dégustation de ce plat.

pour 4 personnes

20 min | 40 min | 30 min

Ingrédients

- **1** volaille de Bresse de 1,8 kg, en 8 morceaux
- **30 g** de morilles séchées
- **10 cl** de madère
- **2,5** tablettes de bouillon de volaille
- **100 g** de champignons de Paris
- **6** petites échalotes
- **3** branches d'estragon
- **10 cl** de noilly
- **50 cl** de vin blanc
- **20 g** de beurre mou
- **20 g** de farine
- **500 g** de crème fraîche épaisse

01. Versez les morilles dans un bol, couvrez-les d'eau chaude et laissez-les tremper 30 min.

02. Égouttez-les et coupez-les en deux.

03. Versez le madère dans une casserole et faites-le réduire à sec.

04. Ajoutez les morilles et ½ tablette de bouillon de volaille. Couvrez d'eau et laissez cuire 40 min à découvert, à feu moyen.

05. La volaille coupée en 8 morceaux comprend 4 morceaux de « blanc » et 4 morceaux de « rouge » (pilons et hauts de cuisse).

06. Salez le côté chair des morceaux de volaille.

07. Supprimez le pied des champignons. Taillez les chapeaux en lamelles.

08. Pelez les échalotes et coupez-les en lamelles. Rincez et essorez l'estragon.

09. Versez 25 cl d'eau dans une cocotte avec le noilly et le vin blanc. Ajoutez l'estragon, les échalotes, les champignons et 2 tablettes de bouillon.

LES SECRETS DE CHRISTOPHE...

Indispensable

Il est indispensable de laisser les morilles tremper dans de l'eau avant de les cuisiner pour qu'elles se réhydratent. Mieux vaut ensuite les couper en deux pour s'assurer qu'il ne reste pas de gravier à l'intérieur.

Quelle taille ?

Si vous n'avez pas de petites échalotes, remplacez-les par deux grosses échalotes appelées « cuisses de poulet ».

À hauteur

À l'étape 10, veillez à ce que le liquide arrive à hauteur des morceaux de volaille. Si tel n'est pas le cas, ajoutez un peu d'eau.

10. Faites chauffer à feu très vif. Plongez les morceaux de volaille dans la cocotte et laissez-les cuire 12 min à découvert.

11. Après 12 min de cuisson, retirez les morceaux de « blanc ». Laissez les morceaux de « rouge » cuire encore 13 min.

12. Travaillez le beurre pour le réduire en pommade. Ajoutez la farine et mélangez bien (beurre manié).

13. Retirez les morceaux de « rouge » de la cocotte. Ôtez l'estragon.

14. Faites réduire le jus de cuisson à sec : lorsqu'il « chante », il ne reste plus que la graisse et le jus est totalement réduit. Ajoutez le beurre manié.

15. Ajoutez la crème sans attendre et laissez cuire 5 min en remuant.

16. Remettez les morceaux de volaille dans la cocotte. Tournez-les à plusieurs reprises dans la sauce et laissez-les réchauffer.

17. Égouttez les morilles et ajoutez-les dans la cocotte avec un peu d'estragon frais haché.

18. Répartissez le tout sur des assiettes chaudes et dégustez sans attendre.

Cuisson dissociée

Si les blancs sont trop cuits, ils deviennent secs. C'est pour cela qu'il est nécessaire de les retirer avant les morceaux « à os » qui, eux, demandent quelques minutes supplémentaires.

En pommade

Pommade, crème… quel que soit le terme employé, le beurre doit être très souple pour former un mélange homogène avec la farine.

Note du sommelier

Un hermitage « Le Rouet blanc » 1999, J. L. Colombo ; ou un corton charlemagne 1993, domaine Bonneau du Martray.

Tourte de canard & foie gras à la roannaise

À servir chaude ou froide. Elle est particulièrement appréciée à l'époque de la chasse, le « must » étant d'incorporer à la préparation une quantité de truffes plus ou moins importante.

pour 8 personnes

1 h 15 | 50 min | 1 h

Ingrédients

Tourte :
- 1 canette ou 1 canard sauvage avec les suprêmes et les cuisses (sans peau) détachés, et la carcasse et les parures en morceaux (pour la sauce)
- 100 g de blanc de volaille
- 100 g de lard gras
- 100 g de gorge de porc
- 3 foies de volaille
- 2 tranches de pain de mie
- 4 c. à s. de crème fraîche liquide
- 1 c. à s. de cognac
- 1 œuf + 2 jaunes
- 10 g de pistaches mondées (non salées)
- Sel fin
- Poivre noir du moulin

- 6 g de farine
- 8 tranches de foie gras cuit de 50 g chacune
- 2 échalotes
- 2 rouleaux de pâte feuilletée prête à l'emploi

Sauce :
- 40 g de beurre
- 1 grosse échalote
- 2 gousses d'ail
- 1 tablette de bouillon de volaille
- 1 l de vin rouge (madiran)
- 30 g de farine
- 30 g de foie gras cuit
- 1 c. à c. de cognac

01. Coupez les suprêmes de canette (ou de canard) et le blanc de volaille en lanières puis en dés.

02. Coupez le lard gras en petits dés. Taillez la gorge de porc et les foies de volaille en morceaux.

03. Passez au hachoir (grille fine) les cuisses de canette (ou de canard) et la gorge de porc. Mettez-les dans un saladier avec les autres viandes.

04. Ôtez la croûte des tranches de pain. Coupez la mie en bâtonnets de 1 cm de large puis en dés. Mélangez-les à la crème fraîche et laissez-les s'imbiber.

05. Mélangez les viandes avec le cognac, 1 œuf entier, 1 jaune d'œuf et les pistaches.

06. Ajoutez les dés de mie de pain. Mélangez bien le tout.

07. Pesez la préparation. Assaisonnez-la avec 17 g de sel et 1 g de poivre par kilo. Mélangez à nouveau.

08. Ajoutez la farine. Mélangez bien.

09. Coupez le foie gras en dés et ajoutez-les à la farce. Laissez reposer la farce 1 h au réfrigérateur.

LES SECRETS DE CHRISTOPHE...

À l'avance

Commandez la volaille à l'avance en précisant au volailler ce qu'il vous faut : 150 g de suprême, les cuisses désossées et sans la peau, la carcasse et les parures à part.

Dosez !

L'assaisonnement de cette tourte ne doit pas être laissé au hasard. On compte 17 g de sel fin et 1 g de poivre noir moulu par kilo de farce. N'oubliez pas de peser la farce et d'ajuster les quantités en proportion.

Farine utile

La petite quantité de farine ajoutée à la farce est destinée à absorber le gras ; elle n'alourdit nullement la préparation.

10. Pelez les échalotes, coupez-les en deux. Taillez-les en petits dés et ajoutez-les à la farce. Préchauffez le four à 180 °C (th. 6).

11. Étalez 1 rouleau de pâte sur du papier sulfurisé. Posez un cercle de 18 cm de diamètre au centre. Emplissez-le avec la farce.

12. Égalisez avec le dos d'une cuillère. Retirez doucement le cercle.

13. Délayez le jaune d'œuf restant avec 1 c. à c. d'eau et 1 pincée de sel. Passez un peu de cette dorure autour de la farce, avec un pinceau.

14. Posez le 2ᵉ rouleau de pâte sur la farce. Appuyez bien tout autour pour souder les bords.

15. Coupez la pâte à 1 cm de la farce. Retirez le surplus de pâte et réservez-le.

16. Taillez le papier sulfurisé à 5 mm de la pâte. Badigeonnez au pinceau toute la tourte de dorure.

17. Appuyez tout autour de la tourte avec le dos d'un couteau économe pour mieux souder les deux épaisseurs.

18. Découpez des éléments de décor dans les chutes de pâte avec un emporte-pièce.

De la tenue !

Veillez à bien remplir le cercle avec la farce, sans laisser de vide.
Cela permettra à la tourte de bien se tenir.

Soudure élégante

Parachevez la soudure des deux épaisseurs de pâte en appuyant tout autour de la tourte avec le dos d'un couteau économe : vous serez surpris du résultat, efficace et élégant !

19. Faites un petit trou au centre de la tourte (cheminée) avec la pointe du couteau économe, en le faisant tourner légèrement.

20. Tracez des sillons sur le dessus de la tourte.

21. Collez les éléments de décor dessus.

22. Faites une petite bille de pâte et posez-la sur la cheminée.

23. Passez à nouveau de la dorure sur la tourte.

24. Faites glisser la tourte sur une plaque, avec son papier. Enfournez et laissez cuire 50 min.

25. Préparez la sauce : faites fondre 10 g de beurre dans une casserole. Ajoutez la carcasse et les os de canette (ou de canard).

26. Épluchez l'échalote et coupez-la en rondelles. Pelez les gousses d'ail et coupez-les en morceaux.

27. Ajoutez les échalotes et l'ail dans la casserole. Mélangez et laissez « chanter » 5 min.

LES SECRETS DE CHRISTOPHE...

Cheminée

La petite cheminée creusée au centre de la pâte permet à la vapeur de s'échapper pendant la cuisson au four. La petite boule destinée à la masquer ne gêne en rien cette opération, elle est plus décorative que de l'aluminium ménager ou du papier sulfurisé.

Dans la foulée

Collez rapidement les éléments de décor sur la tourte. Si vous attendez trop, la dorure va sécher et ne pourra pas faire office de colle.

28. Ajoutez la tablette de bouillon et le vin. Laissez mijoter de 20 à 25 min.

29. Travaillez le reste du beurre (30 g) pour le réduire en pommade. Ajoutez la farine petit à petit, tout en mélangeant (beurre manié).

30. Filtrez la sauce dans une passoire fine.

31. Portez-la à ébullition et dégraissez-la avec une louche.

32. Mettez la moitié du beurre manié dans la louche. Ajoutez un peu de sauce et mélangez au fouet.

33. Versez dans la sauce et mélangez. Ajoutez le reste du beurre manié de la même manière. Laissez cuire 5 min. Vérifiez l'assaisonnement.

34. Coupez le foie gras en dés. Mettez-les dans un petit bol avec le cognac.

35. Filtrez de nouveau la sauce. Ajoutez le foie gras et le cognac.

36. Servez la tourte chaude avec la sauce roannaise, chaude également.

Zéro grumeau

On dilue le beurre manié dans une louche de sauce avant de l'incorporer au reste de la préparation pour éviter de former des grumeaux.

Chaude ou froide ?

Cette tourte se sert chaude accompagnée de sa sauce. Vous pouvez aussi la laisser refroidir à température ambiante, l'entreposer au réfrigérateur et la servir froide le lendemain, sans sauce, avec une salade bien assaisonnée.

Note du sommelier

Un crozes hermitage rouge 2005, domaine Yann Chave.

Blanquette de veau à l'ancienne

C'est l'un des grands classiques de la cuisine française, servi généralement avec du riz. De nombreuses variantes existent pour cette recette, avec pour seuls impératifs que la viande soit toujours moelleuse et la sauce onctueuse.

pour 6 personnes

45 min | 1 h 40

Ingrédients

- **1,5 kg** de flanchet de veau
- **6** branches de persil plat
- **1** feuille de laurier
- **2** gros oignons
- **4** carottes
- **1** clou de girofle
- **2** tablettes de bouillon de poule
- **1** gros poireau
- **12** navets fanes
- **10 g** de beurre
- **10 g** de farine
- **500 g** de crème fraîche épaisse
- **3** branches de cerfeuil
- **S**el fin
- **P**oivre du moulin

01. Coupez la viande en morceaux d'environ 50 g.

02. Déposez-les dans une cocotte.

03. Versez de l'eau à hauteur et portez à ébullition à feu vif.

04. Retirez l'écume et les impuretés qui remontent à la surface.

05. Ficelez 3 branches de persil avec la feuille de laurier.

06. Épluchez les oignons et coupez-les en huit.

07. Pelez les carottes. Coupez-les en 3 tronçons puis recoupez chaque tronçon en deux.

08. Mettez dans la cocotte le bouquet garni, les oignons, les carottes, le clou de girofle et les tablettes de bouillon. Laissez frémir.

09. Supprimez le vert et la racine du poireau.

LES SECRETS DE CHRISTOPHE...

On égalise !

Il est important que tous les morceaux de viande soient de même taille et de même forme pour aboutir à une cuisson homogène. Afin de gagner du temps, vous pouvez demander au boucher de réaliser cette opération.

L'inévitable écume

Retirer l'écume a pour but de supprimer toutes les impuretés qui remontent à la surface du liquide de cuisson. N'hésitez pas à effectuer cette opération à plusieurs reprises pour avoir un liquide de cuisson bien clair.

10. Fendez la 1re feuille tout du long et retirez-la.

11. Coupez le poireau en tronçons de 2-3 cm, en biseau.

12. Coupez les fanes des navets à 10 cm du bulbe.

13. Grattez soigneusement le collet puis supprimez la racine.

14. Pelez les navets.

15. Lavez-les, ainsi que les tronçons de poireau.

16. Après 40 min de cuisson, retirez la viande et les légumes de la cocotte avec une écumoire. Jetez le bouquet garni et le clou de girofle.

17. Mettez les navets et le poireau dans le bouillon. Laissez cuire 17 min.

18. Retirez les légumes avec une écumoire. Laissez réduire le bouillon jusqu'à ce qu'il reste environ 2 louches de liquide.

Place nette

Grattez bien le collet des navets avec la pointe d'un couteau d'office car de la terre se loge très souvent au pied des fanes.

Pourquoi réduire ?

La réduction du liquide de cuisson permet une concentration des saveurs. Cette opération constitue la base de toute sauce.

19. Travaillez le beurre pour le réduire en pommade. Ajoutez la farine.

20. Mélangez soigneusement pour obtenir un beurre manié.

21. Déposez un peu de beurre manié dans une louche, avec du bouillon, et délayez. Versez dans le bouillon. Continuez avec le reste du beurre.

22. Versez la crème dans la cocotte. Laissez cuire 2-3 min en mélangeant.

23. Remettez la viande dans la sauce et laissez mijoter 10 min.

24. Effeuillez les 3 branches de persil restantes et le cerfeuil.

25. Vérifiez l'assaisonnement en sel. Poivrez.

26. Remettez tous les légumes dans la cocotte et laissez mijoter quelques minutes.

27 . Répartissez la viande et les légumes dans des assiettes chaudes. Nappez de sauce. Décorez de persil et de cerfeuil.

LES SECRETS DE CHRISTOPHE...

De la délicatesse !

Ayez la main légère lorsque vous lavez et épongez des herbes. Elles sont fragiles !

Test de réussite

Une blanquette est réussie lorsque l'on peut couper la viande à la cuillère, sans que les fibres se séparent.

Note du sommelier

Un moulin-à-vent 2005 « Clos de Rochegrés », domaine du Château des Jacques.

Préparer les navets

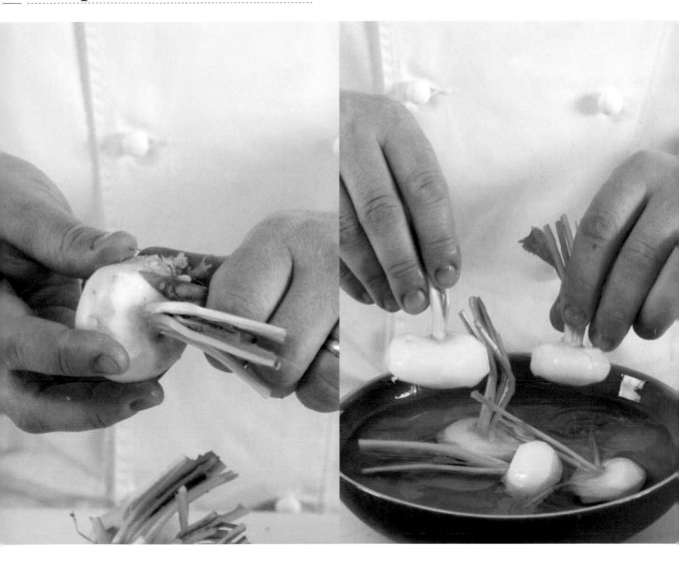

Des navets bien propres

Grattez soigneusement le collet des navets au départ des fanes car la terre a tendance à venir s'y nicher. Complétez cette opération propreté en passant les navets dans de l'eau fraîche (sans les laisser tremper).

Gigot d'agneau
en feuilletage

À privilégier au repas pascal en préférant un agneau
du « pré-salé », plus goûteux. Ce plat traditionnel s'accompagne
généralement de haricots verts ou de flageolets.

pour 8-10 personnes

40 min + 10 min
la veille

40 min + 40 min
la veille

Ingrédients

Gigot :

_ **1 gigot** d'agneau de 1,5 à 1,8 kg
après désossage
_ **4 gousses** d'ail
_ **S**el fin
_ **P**oivre noir du moulin
_ **H**uile d'olive
_ **2 rouleaux** de pâte feuilletée
prête à l'emploi
_ **1 branche** de thym frais
_ **100 g** de tapenade d'olives noires
_ **1 jaune** d'œuf

Garniture :

_ **1 laitue**
_ **260 g** de petits pois frais
_ **1/2 tablette** de bouillon de poule
_ **80 g** de lardons
_ **2 oignons**
_ **100 g** de beurre

01. La veille, préchauffez le four à 190 °C (th. 6-7). Pelez les gousses d'ail, coupez-les en deux, ôtez leur germe. Coupez-les en fines lamelles.

02. Piquez la viande et faites glisser une lamelle d'ail le long de la lame. Effectuez cette opération à intervalles réguliers, des 2 côtés du gigot.

03. Salez le gigot des 2 côtés ainsi qu'à l'intérieur. Poivrez de la même façon.

04. Posez le gigot sur la lèchefrite du four et aspergez-le d'huile. Enfournez et laissez cuire 40 min. Laissez refroidir puis mettez au réfrigérateur.

05. Le lendemain, retirez les grandes feuilles vertes de la laitue. Détachez toutes les autres feuilles. Lavez-les et essorez-les.

06. Écossez les petits pois. Faites bouillir 10 cl d'eau dans une sauteuse de 20 cm de diamètre.

07. Versez la ½ tablette de bouillon dans l'eau et mélangez. Ajoutez les petits pois et les lardons. Faites cuire 3 min.

08. Pendant ce temps, pelez les oignons et coupez-les en deux. Taillez chaque moitié en lamelles puis en bâtonnets.

09. Après 3 min de cuisson, ajoutez les oignons aux petits pois.

LES SECRETS DE CHRISTOPHE...

Pour le boucher

Demandez au boucher de désosser le gigot mais d'y laisser le manche. Passez de préférence votre commande à l'avance, sans oublier que vous devez effectuer une première cuisson la veille du repas.

Double cuisson

La première cuisson permet la cuisson de la viande.
Elle doit s'effectuer à l'avance car la viande doit être bien froide avant la seconde cuisson dans la pâte, pour ne pas la ramollir.

À l'avance

Prenez soin de sortir le gigot cuit du réfrigérateur 1 h ou 2 avant de l'envelopper dans la pâte feuilletée : la viande doit être froide mais non glacée.

10. Quand il n'y a plus d'eau dans la sauteuse, incorporez le beurre coupé en 3 morceaux.

11. Lorsqu'il est fondu, ajoutez les feuilles de laitue.

12. Laissez cuire environ 3 min, en ramenant les légumes et les lardons sur la laitue, jusqu'à ce que les feuilles soient fondues.

13. Préchauffez le four à 190 °C (th. 6-7). Étalez 1 rouleau de pâte feuilletée (avec son papier sulfurisé) sur une plaque de cuisson.

14. Posez le gigot sur la pâte. Effeuillez le thym sur la viande. Tapissez le dessus et les côtés du gigot de tapenade.

15. Délayez le jaune d'œuf avec 1 c. à c. d'eau et 1 pincée de sel. Passez cette dorure sur la pâte, autour du gigot, avec un pinceau.

16. Déroulez le 2ᵉ rouleau de pâte feuilletée et déposez-le sur le gigot, en laissant toujours dépasser l'os du manche.

17. Appuyez tout autour pour souder les deux épaisseurs de pâte.

18. Coupez le surplus de pâte à 1,5 cm du gigot. Réservez-le pour un autre usage.

Disciplinée

Pour faciliter le travail de la pâte, veillez à ce que celle-ci soit bien froide. N'oubliez pas de conserver son papier sulfurisé, cela l'empêchera de coller à la plaque de cuisson.

Bien stable

Lorsque vous placez le gigot sur la pâte feuilletée, posez-le côté bombé dessus : cela vous permettra de le recouvrir plus facilement de tapenade.

19. Réalisez un bourrelet avec la pointe d'un couteau économe.

20. Coupez le papier sulfurisé à 1 cm de la pâte.

21. Passez de la dorure au pinceau sur la totalité de la pâte.

22. Avec la pointe du couteau économe, tracez des lignes en éventail près du manche.

23. Avec une fourchette, imprimez des rayures sur le reste de la surface du gigot.

24. Réalisez la même opération dans l'autre sens pour former un quadrillage.

25. Enfournez et laissez cuire 40 min.

26. Retirez le gigot de la plaque. Récupérez les sucs de cuisson, versez-les dans les légumes et faites-les réchauffer.

27. Servez le gigot très chaud avec la garniture de légumes.

LES SECRETS DE CHRISTOPHE...

Pas de crevaison

Prenez soin de ne pas percer la pâte lorsque vous tracez les éléments de décor, que ce soit avec le couteau économe ou avec la fourchette.

Fêtez Pâques !

Ce plat somptueux et savoureux est particulièrement indiqué pour célébrer la fête de Pâques, avec le double symbole de l'agneau : l'agneau pascal et le renouveau du printemps.

 ### Note du sommelier

Un côte rôtie « Les Grandes Places » 2004, J. M. Gerin.

Découper le gigot en croûte

D'appétissantes tranches contrastées

Tranchez en premier l'extrémité arrondie du gigot.
Continuez ensuite en coupant des tranches un peu épaisses
pour que la croûte ne s'émiette pas. Posez-les au fur et à mesure
sur la garniture de légumes.

Loup en croûte,
sauce choron

Poisson au goût exquis et très parfumé, le loup (appelé aussi « bar ») conserve dans cette recette toute sa finesse grâce à la préparation en croûte. Ce plat est emblématique de la tradition culinaire « bocusienne ».

pour 4 personnes

1 h   25 min   1 h

Ingrédients

Loup :
_ 1 loup (bar) d'environ 800 g ébarbé et vidé
_ Sel de mer
_ Poivre noir du moulin
_ Huile d'olive
_ 2 rouleaux de pâte feuilletée prête à l'emploi
_ 1 jaune d'œuf

Mousse :
_ 100 g de filet de sandre (sans peau)
_ 100 g de noix de Saint-Jacques rincées et séchées
_ Sel fin
_ Poivre noir du moulin
_ 1 œuf + 1 jaune

_ 200 g de crème double
_ 50 g de beurre mou
_ 30 g de pistaches mondées et hachées
_ 1 c. à c. d'estragon haché

Sauce choron :
_ 15 cl de vinaigre de vin rouge
_ 3 échalotes
_ 150 g de beurre
_ 3 jaunes d'œufs
_ 1 c. à s. d'estragon haché
_ 1/2 c. à c. de concentré de tomate
_ Sel fin
_ 1 pointe de couteau de poivre mignonnette

01. Entaillez le poisson sous l'ouïe, jusqu'à l'arête centrale. Fendez la peau tout le long du dos.

02. Introduisez la lame du couteau sous la peau, décollez-la sur toute la surface…

03. … et tirez en allant vers la queue. Faites la même chose de l'autre côté.

04. Retirez l'épine dorsale en tirant.

05. Salez et poivrez le poisson des 2 côtés. Arrosez-le avec 1 c. à s. d'huile d'olive. Réservez au réfrigérateur.

06. Préparez la mousse : coupez le sandre en morceaux. Mettez-les dans le bol d'un robot avec les noix de Saint-Jacques et 2 c. à c. de sel fin. Mixez.

07. Donnez 10 tours de moulin à poivre. Ajoutez les œufs et mixez.

08. Ajoutez la crème, mixez puis grattez la paroi du bol avec une spatule. Ajoutez le beurre. Mixez à nouveau.

09. Débarrassez dans un bol. Incorporez les pistaches et l'estragon. Laissez durcir au frais au moins 1 h.

LES SECRETS DE CHRISTOPHE...

C'est pareil !

Le loup est le même poisson que le bar. L'un est pêché en Méditerranée (le loup) alors que celui que l'on appelle « le bar », pourtant le même, est pêché dans l'Atlantique Nord.

Sur les pistaches...

Vous pouvez trouver des pistaches déjà mondées (pelées) dans le commerce. Concassez-les au couteau plutôt qu'au robot qui risquerait de les réduire en poudre.

Quelle partie ?

Pour cette recette, utilisez uniquement les noix de Saint-Jacques, sans corail. Si vous employez un produit surgelé, faites décongeler les noix au réfrigérateur, plusieurs heures à l'avance, dans un mélange d'eau et de lait à parts égales.

10. Préparez la sauce choron : faites chauffer le vinaigre de vin dans une casserole.

11. Pelez les échalotes. Incisez-les verticalement et horizontalement puis coupez-les en petits dés.

12. Versez-les dans le vinaigre et laissez réduire à sec à feu vif.

13. Faites fondre le beurre environ 1 min au micro-ondes à pleine puissance.

14. Versez les 3 jaunes d'œufs dans une casserole avec 2 c. à s. d'eau. Mélangez.

15. Faites chauffer à feu doux en mélangeant vivement jusqu'à ce que le mélange épaississe (sabayon).

16. Retirez du feu. Ajoutez doucement le beurre en continuant à remuer.

17. Ajoutez les échalotes réduites, l'estragon puis le concentré de tomate. Assaisonnez avec un peu de sel fin et le poivre mignonnette.

18. Déroulez 1 rouleau de pâte avec son papier. Taillez 2 bandes de 3 cm de large et collez-les sur les 2 autres extrémités pour former un rectangle.

Vite !

Débarrassez la purée d'échalote sans attendre, dans un petit récipient, dès que le liquide est évaporé.

Soyez attentif

Pendant la cuisson des œufs à feu doux, remuez-les sans cesse (pour éviter une coagulation intempestive) en faisant un 8 avec le fouet, jusqu'à ce que vous voyiez nettement le fond de la casserole. C'est le signe que le sabayon a suffisamment épaissi.

Du piquant

Une sauce choron réussie doit être un peu piquante au palais.
C'est un célèbre cuisinier français du XIXᵉ siècle, Choron, originaire de Caen, qui a élaboré cette sauce émulsionnée.

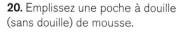

19. Posez le loup sur la pâte. Faites chauffer le four à 200 °C (th. 7).

20. Emplissez une poche à douille (sans douille) de mousse.

21. Introduisez un peu de mousse dans les ouïes du poisson.

22. Faites la même opération à l'intérieur du poisson.

23. Délayez le jaune d'œuf avec 1 c. à c. d'eau et 1 pincée de sel. Passez un peu de cette dorure sur la pâte, autour du poisson, avec un pinceau.

24. Déroulez le 2e rouleau de pâte feuilletée. Taillez dedans une bande d'environ 6 cm et réservez-la pour le décor.

25. Posez la pâte sur le poisson. Appuyez tout autour pour souder les 2 épaisseurs.

26. Coupez le surplus de pâte à environ 2 cm du poisson en dessinant les nageoires latérales et la queue.

27. Badigeonnez le poisson de dorure.

LES SECRETS DE CHRISTOPHE...

Ça mousse !

Le passage de la mousse au réfrigérateur est indispensable : le froid la raffermit, ce qui permet ensuite d'en farcir facilement le poisson.

Pas de poche ?

À défaut de poche à douille, utilisez une petite cuillère pour farcir le poisson avec sa mousse.

28. Imitez l'apparence des nageoires et de la queue en striant la pâte avec la pointe du dos d'un couteau économe.

29. Entaillez le dessus de la pâte avec une douille lisse de 1 cm de diamètre pour imiter les écailles.

30. Dessinez l'œil et la bouche avec la pointe du couteau. Coupez une bande de pâte de 0,8 x 15 cm dans la pâte réservée.

31. Posez-la à la base de la tête.

32. Découpez un aileron et collez-le au milieu du dos.

33. Faites une petite boule de pâte et posez-la sur l'œil.

34. Repassez de la dorure.

35. Coupez le papier sulfurisé à 1 cm de la pâte. Faites glisser le poisson sur une plaque de cuisson, enfournez et laissez cuire 25 min.

36. Servez chaud avec la sauce choron.

On réchauffe ?

Faites réchauffer la sauce choron en la plaçant dans un bain-marie à peine frémissant.

Non aux restes

S'il vous reste de la mousse, faites-la pocher quelques minutes dans de l'eau frémissante et servez-la à part.

Note du sommelier

Un châteauneuf-du-pape blanc 2005, domaine Saint Préfert.

Rougets en écailles de pomme de terre

Ce mets d'une grande finesse exige un montage particulièrement minutieux, mais accessible à qui s'arme de patience. Il surprendra à coup sûr vos convives !

pour 4 personnes

 50 min | 10 min | 15 min

Ingrédients

Rougets :
_ **2** rougets barbets d'environ 350 g en filet
_ **2** grosses pommes de terre bintje
_ **1** jaune d'œuf
_ **S**el fin
_ **2 c. à s.** de beurre clarifié
_ **1 c. à c.** de fécule de pomme de terre
_ **H**uile d'olive
_ **2 c. à s.** de jus de veau (facultatif)
_ **1** branche de cerfeuil

Sauce :
_ **2** oranges
_ **3** branches de romarin frais
_ **10 cl** de noilly
_ **300 g** de crème fraîche liquide
_ **S**el
_ **P**oivre du moulin

01. Retirez les arêtes du poisson avec un couteau économe ou une pince à épiler.

02. Taillez 2 rectangles de papier sulfurisé légèrement plus grands que les filets de poisson. Posez le poisson dessus, peau au-dessus.

03. Pelez les pommes de terre, lavez-les et coupez-les en tranches très fines. Taillez dedans des écailles avec un vide-pomme.

04. Mettez les écailles de pomme de terre dans une poêle. Couvrez-les d'eau froide, portez à ébullition et laissez bouillir 1 min. Égouttez-les.

05. Délayez le jaune d'œuf avec 1 c. à c. d'eau et 1 pincée de sel. Badigeonnez-en le dessus des filets de poisson (côté peau) avec un pinceau.

06. Versez les écailles dans un récipient avec 2 c. à s. de beurre clarifié. Mélangez.

07. Ajoutez 1 c. à c. de fécule de pomme de terre. Mélangez soigneusement.

08. Rangez les écailles sur les filets de poisson en commençant du côté de la tête et en les faisant se chevaucher. Laissez 15 min au réfrigérateur.

09. Préparez la sauce : pressez les oranges. Versez leur jus dans une casserole avec les aiguilles de romarin et faites réduire à sec à feu moyen.

LES SECRETS DE CHRISTOPHE...

Le beurre clarifié

Mieux vaut utiliser du beurre clarifié pour les écailles de pomme de terre car il résiste mieux à la cuisson. Pour obtenir un beurre clarifié, faites fondre 100 g de beurre à feu très doux puis filtrez-le en retirant la mousse blanche qui s'est formée. Vous pouvez le conserver au réfrigérateur.

Au repos

Il est nécessaire de laisser reposer les filets au réfrigérateur : le beurre, en se figeant, fait office de colle. Pendant ce temps, commencez la confection de la sauce qui demande deux réductions successives.

10. Ajoutez le noilly et faites-le réduire de moitié.

11. Incorporez la crème et 2-3 pincées de sel et de poivre. Laissez réduire à feu vif, jusqu'à ce que la sauce soit liée (environ de moitié, soit 10 min).

12. Pendant ce temps, faites chauffer 2 c. à s. d'huile d'olive dans une sauteuse. Prenez chaque rectangle de papier avec la main.

13. Retournez-les dans l'huile. Ôtez le papier.

14. Salez le côté chair. Laissez cuire environ 6 min à feu vif jusqu'à ce que les écailles soient bien dorées.

15. Retournez les filets et laissez cuire quelques secondes.

16. Filtrez la sauce.

17. Nappez les assiettes de sauce. Dessinez quelques « écailles » de jus de veau avec une cuillère.

18. Déposez les filets dans les assiettes. Ajoutez une touche de cerfeuil. Servez chaud.

Adaptez !

Vous ferez cuire les filets de poisson plus ou moins longtemps : le temps est à moduler en fonction de l'épaisseur des écailles de pomme de terre.

Jus de veau

Pour préparer du jus de veau, diluez une tablette dans 15 cl d'eau et laissez-le réduire jusqu'à ce qu'il soit sirupeux.

 ## Note du sommelier

Un crozes hermitage « Clos des Grives » blanc 2006, domaine Combier.

Tarte Tatin

Cette recette, grâce à quelques astuces, est d'une grande simplicité. Elle peut être accompagnée d'une boule de glace à la vanille ou d'une crème Chantilly.

pour 8 personnes

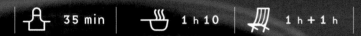

35 min | 1 h 10 | 1 h + 1 h

Ingrédients
_ **1,2 kg** de pommes canada
Caramel :
_ **200 g** de sucre
_ **100 g** de beurre en morceaux
_ **1** gousse de vanille
Pâte sablée :
_ **100 g** de beurre
_ **1 g** de sel fin
_ **75 g** de sucre glace
_ **220 g** de farine
_ **2 g** de levure chimique
_ **1** œuf

01. Préparez la pâte sablée : faites fondre le beurre au bain-marie en le remuant avec un fouet.

02. Laissez-le refroidir quelques secondes. Ajoutez le sel et mélangez.

03. Versez le sucre glace. Mélangez.

04. Versez la farine en pluie en mélangeant au fur et à mesure.

05. Lorsque la pâte commence à se former, retirez le fouet et continuez à mélanger avec une spatule. Incorporez la levure.

06. Cassez l'œuf dans un ramequin, battez-le à la fourchette et versez-le sur la pâte. Mélangez jusqu'à l'obtention d'une boule.

07. Aplatissez-la légèrement, posez-la sur une assiette et laissez-la reposer 1 h au réfrigérateur.

08. Préparez le caramel : faites chauffer le sucre à feu vif dans une cocotte en fonte antiadhésive de 20-22 cm de diamètre.

09. Quand le sucre a pris une belle couleur d'un blond soutenu et commence à mousser, mélangez avec une cuillère en bois. Ajoutez le beurre.

LES SECRETS DE CHRISTOPHE...

À sec

Pour réussir un caramel à sec, essuyez soigneusement la cocotte avant de commencer l'opération. Remuez-la éventuellement pendant la cuisson du sucre mais n'utilisez aucun ustensile.

Couleur caramel

Le caramel doit avoir une belle couleur sans toutefois devenir tout à fait brun. Comptez 3 à 4 min environ.

À l'avance

Si vous préparez la pâte la veille, pensez à la sortir du réfrigérateur un peu avant de l'utiliser pour qu'elle ne soit pas trop dure. Confectionnez éventuellement le caramel plusieurs heures avant. Inutile de le réchauffer pour placer les pommes.

10. Mélangez pour que le beurre fonde. Retirez la cocotte du feu et posez-la sur une grille.

11. Fendez la gousse de vanille en deux, sans séparer les 2 moitiés. Posez-la dans la cocotte, en plein milieu, en formant un beau « V ».

12. Préchauffez le four à 150-160 °C (th. 5). Épluchez les pommes.

13. Évidez-les avec un vide-pomme.

14. Coupez-les en deux verticalement.

15. Rangez les pommes debout dans la cocotte.

16. Complétez le centre et comblez les vides s'il y en a. Enfournez la cocotte dans le bas du four et laissez cuire 1 h.

17. Vérifiez la cuisson des pommes. Laissez reposer 10 min puis mettez 1 h au réfrigérateur.

18. Préchauffez le four à 200 °C (th. 7). Posez la pâte sur du papier sulfurisé et farinez-la légèrement.

Beauté et égalité

Il est important pour la réussite de la tarte que les pommes soient toutes de la même grosseur. Pelez-les juste avant de les mettre à cuire pour éviter qu'elles ne s'oxydent au contact de l'air.

Mon beau papier

Il est toujours intéressant d'employer du papier sulfurisé : il est inutile de beurrer la plaque et le transport du fond de tarte se fait aisément.

19. Étalez-la au rouleau en formant un disque de 3 mm d'épaisseur.

20. Posez le couvercle de la cocotte à l'envers sur la pâte et taillez celle-ci à la dimension intérieure du couvercle. Retirez l'excédent.

21. Piquez toute la surface de la pâte à la fourchette.

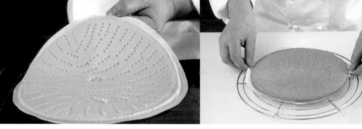

22. Coupez le papier sulfurisé à 1 cm du bord de la pâte.

23. Faites glisser la pâte sur une plaque de cuisson à l'aide du papier. Enfournez et laissez cuire 10 min.

24. Posez la pâte cuite sur une grille. Laissez-la durcir et refroidir.

25. Quelques instants avant de servir, mettez la cocotte à chauffer doucement. Posez le disque de pâte sur les pommes.

26. Décollez les pommes en maintenant la pâte avec la main et en tournant.

27. Démoulez : posez un plat retourné sur la cocotte, renversez-la et retirez-la. La tarte est prête à être... dévorée !

LES SECRETS DE CHRISTOPHE...

Magique !

Après 10 min de cuisson, la pâte est encore molle. Elle va durcir tout en refroidissant. Manipulez-la avec précaution.

Note du sommelier

Un calvados « Réserve de mon grand-père », R. Groult ; ou un cidre.

⚲|Découper le fond de tarte

Un fond de tarte impeccable

Posez le couvercle de la cocotte à l'envers sur la pâte (ou, à défaut, une assiette ayant exactement le même diamètre). Passez la pointe d'un couteau sur la marque ainsi laissée, puis retirez délicatement le surplus de pâte.

Notes

Liste des courses
à découper selon les tirets

Liste des courses
à découper selon les tirets

Soupe
aux truffes

* 80 g de truffes fraîches
* 2 tablettes de bouillon de volaille
* Sel fin
* 150 g de blanc de poulet (sans peau)
* 100 g de céleri-rave
* 1 carotte
* 8 têtes de champignons de Paris de 3 cm de diamètre
* 4 c. à s. de noilly blanc
* 60 g de foie gras cuit
* 250 g de pâte feuilletée prête à l'emploi
* 1 jaune d'œuf

Gratin
de macaronis

* 500 g de « maccheroni » n° 44
* 1,5 l de lait
* Sel fin
* Noix de muscade
* Poivre du moulin
* 120 g de beurre
* 90 g de farine
* 600 g de crème fraîche épaisse
* 150 g de gruyère (non râpé)

Œufs pochés
à la beaujolaise

Œufs pochés :
* 4 œufs bien frais
* 10 cl de vinaigre blanc

Sauce beaujolaise :
* 1 jaune d'œuf
* 1 pincée de sel
* 1 c. à c. de moutarde
* 15 cl d'huile d'arachide
* 5 cl d'huile d'olive
* 15 cl de beaujolais
* 1 pincée de sucre
* 1 c. à s. de vinaigre de vin rouge

Décoration :
* 4 tranches de pain de mie
* 3 c. à s. d'huile d'olive
* Quelques brins de cerfeuil
* 1 brin de persil plat
* Poivre noir du moulin

Fricassée de volaille de Bresse
aux morilles

* 1 volaille de Bresse de 1,8 kg, en 8 morceaux
* 30 g de morilles séchées
* 10 cl de madère
* 2,5 tablettes de bouillon de volaille
* 100 g de champignons de Paris
* 6 petites échalotes
* 3 branches d'estragon
* 10 cl de noilly

* 50 cl de vin blanc
* 20 g de beurre mou
* 20 g de farine
* 500 g de crème fraîche épaisse

Tourte de canard & foie gras
à la roannaise

Tourte :
* 1 canette ou 1 canard sauvage avec les suprêmes et les cuisses (sans peau) détachés, et la carcasse et les parures en morceaux (pour la sauce)
* 100 g de blanc de volaille
* 100 g de lard gras
* 100 g de gorge de porc
* 3 foies de volaille
* 2 tranches de pain de mie
* 4 c. à s. de crème fraîche liquide
* 1 c. à s. de cognac
* 1 œuf + 2 jaunes
* 10 g de pistaches mondées (non salées)
* Sel fin

* Poivre noir du moulin
* 6 g de farine
* 8 tranches de foie gras cuit de 50 g chacune
* 2 échalotes
* 2 rouleaux de pâte feuilletée prête à l'emploi

Sauce :
* 40 g de beurre
* 1 grosse échalote
* 2 gousses d'ail
* 1 tablette de bouillon de volaille
* 1 l de vin rouge (madiran)
* 30 g de farine
* 30 g de foie gras cuit
* 1 c. à c. de cognac

Blanquette de veau à l'ancienne

* 1,5 kg de flanchet de veau
* 6 branches de persil plat
* 1 feuille de laurier
* 2 gros oignons
* 4 carottes
* 1 clou de girofle
* 2 tablettes de bouillon de poule
* 1 gros poireau
* 12 navets fanes
* 10 g de beurre
* 10 g de farine
* 500 g de crème épaisse
* 3 branches de cerfeuil
* Sel fin, poivre du moulin

Gigot d'agneau en feuilletage

Gigot :
* 1 gigot d'agneau de 1,5 à 1,8 kg après désossage
* 4 gousses d'ail
* Sel fin
* Poivre noir du moulin
* Huile d'olive
* 2 rouleaux de pâte feuilletée prête à l'emploi
* 1 branche de thym frais
* 100 g de tapenade d'olives noires
* 1 jaune d'œuf

Garniture :
* 1 laitue
* 260 g de petits pois frais
* 1/2 tablette de bouillon de poule
* 80 g de lardons
* 2 oignons
* 100 g de beurre

Rougets en écailles de pomme de terre

Rougets :
* 2 rougets barbets d'environ 350 g en filet
* 2 grosses pommes de terre bintje
* 1 jaune d'œuf
* Sel fin
* 2 c. à s. de beurre clarifié
* 1 c. à c. de fécule de pomme de terre
* Huile d'olive
* 2 c. à s. de jus de veau (facultatif)
* 1 branche de cerfeuil

Sauce :
* 2 oranges
* 3 branches de romarin frais
* 10 cl de noilly
* 300 g de crème fraîche liquide
* Sel
* Poivre du moulin

Liste des courses
à découper selon les tirets

Loup en croûte, sauce choron

Loup :
* 1 loup (bar) d'environ 800 g ébarbé et vidé
* Sel de mer
* Poivre noir du moulin
* Huile d'olive
* 2 rouleaux de pâte feuilletée prête à l'emploi
* 1 jaune d'œuf

Mousse :
* 100 g de filet de sandre (sans peau)
* 100 g de noix de Saint-Jacques rincées et séchées
* Sel fin
* Poivre noir du moulin
* 1 œuf + 1 jaune

* 200 g de crème double
* 50 g de beurre mou
* 30 g de pistaches mondées et hachées
* 1 c. à c. d'estragon haché

Sauce choron :
* 15 cl de vinaigre de vin rouge
* 3 échalotes
* 150 g de beurre
* 3 jaunes d'œufs
* 1 c. à s. d'estragon haché
* 1/2 c. à c. de concentré de tomate
* Sel fin
* 1 pointe de couteau de poivre mignonnette

Tarte Tatin

* 1,2 kg de pommes canada

Caramel :
* 200 g de sucre
* 100 g de beurre en morceaux
* 1 gousse de vanille

Pâte sablée :
* 100 g de beurre
* 1 g de sel fin
* 75 g de sucre glace
* 220 g de farine
* 2 g de levure chimique
* 1 œuf

Liste des courses
à découper selon les tirets

Liste des courses
à découper selon les tirets

⚲ LE CHEF

Christophe Muller

Passionné de cuisine depuis son enfance, Christophe Muller débute son apprentissage auprès des grands noms de la cuisine, trois étoiles au guide Michelin : L'Auberge de l'Ill, auprès de la famille Haerberlin, le restaurant de Paul Bocuse à Collonges Au Mont d'Or, puis Le Taillevent, à Paris. En 1995, fort de son expérience, il rejoint à nouveau l'équipe du restaurant de Paul Bocuse en tant que chef de cuisine. Élu Meilleur Ouvrier de France en 2000, il attache à son tour une grande importance à la transmission de son savoir-faire, tant auprès des professionnels que du grand public.

Remerciements de Christophe

Un grand merci à M. Bocuse de m'avoir transmis son savoir-faire ainsi qu'à toute l'équipe qui a participé à l'élaboration de cet ouvrage. Merci à Mathieu Val, sommelier du restaurant Paul Bocuse, pour ses conseils avisés.

Remerciements de la styliste

Merci à la société Staub qui a mis à notre disposition une grande partie du matériel nécessaire à la réalisation des recettes de cet ouvrage. Un grand merci à Benjamin et Franck de la société Enoga pour leur talent et la réactivité dont ils ont fait preuve lors de la création des supports en béton colorés qui ont servis à photographier l'ensemble des recettes. www.enoga.fr
Merci à SENTOU www.sentou.fr
Merci à Hortense et Pierre pour leur confiance, à Nicolas pour sa bonne humeur, à Christophe et Patricia pour leur patience et à "Mr Paul" pour toutes ses merveilleuse recettes.

Tout savoir sur Leçon de cuisine :
www.cookinglesson.fr

Retrouvez tout notre catalogue sur :
www.cookboutic.fr

Retrouvez toutes les informations et le programme des cours de l'École de cuisine d'Alain Ducasse sur : www.atelier-gastronomique.com

Direction de collection
Emmanuel Jirou-Najou

Responsable de collection
Hortense Jablonski

Direction artistique
Soins graphiques

Photographies
Nicolas Edwige

Stylisme culinaire
Virginie Michelin

Rédaction
Élisa Vergne

Mise en page
Soro

Préparation de copie et correction sur épreuves
Correctif

Photogravure
Maury Imprimeur

Imprimé en CE
Dépôt légal 4ᵉ trimestre 2008
ISBN 13 : 978-2-84123- 222-2
ISSN : 1955-4729